AF267688

LA FRANCE

ET

SES INTÉRÊTS

PREMIÈRE PARTIE

PARIS

E. DENTU, LIBRAIRE-ÉDITEUR

PALAIS-ROYAL, 17 ET 19, GALERIE D'ORLÉANS

1882

Lb57 8225

57

N° 2

Le 18 septembre 1882

M. Valaray

LA FRANCE

ET

SES INTÉRÊTS

PREMIÈRE PARTIE

A M. DE MARCÈRE

DÉPUTÉ DU NORD

Monsieur le Député,

En livrant ce nouveau travail à la publicité, je ne puis me défendre de mélancolie. Les conseils, donnés en ces pages, seront perdus il est probable ; ainsi l'ont été tous ceux que j'ai pu donner ailleurs. Tandis que, si je vous trouvais dans le Gouvernement, je les aurais vus écoutés avec attention, et peut-être même suivis.

Depuis notre liaison, commencée sur le souvenir d'un ami commun : le regretté M. Ricard, nous avons eu souvent occasion de nous voir ou de nous écrire. Dans nos conversations, tenues en votre modeste appartement de la rue Montaigne, nous avons

examiné toutes les questions de l'extérieur
et de l'intérieur.

Bien que nous différions parfois d'avis, à
cause de mes opinions, comment dirai-je ?
plus radicales, j'ai constaté que toujours
vous arriviez à résoudre ces questions à
l'un de ces points de vue : l'intérêt de la
France ; le progrès de l'Etat social ; les
droits de la Conscience ou ceux de la Liberté.

Que si, en fait de Science politique, vous
êtes ainsi l'un des maîtres, nul ne pourrait
s'en étonner. Sans se douter qu'il serait un
jour au Pouvoir, l'auteur de la **Politique
d'un Provincial** y était préparé depuis longtemps. Pendant les années de l'Empire, le
magistrat, ainsi qu'autrefois Montesquieu,
vouait ses heures de loisir à la philosophie
de l'Histoire ; il écrivait en le méditant son
livre, un des remarquables qui aient paru
sous le régime impérial.

Voilà pourquoi je suis en droit d'exprimer
le regret, que le Gouvernement et la Répu-

blique soient privés, l'un de vos conseils, l'autre de vos services.

J'ajoute qu'en manifestant ce regret, je n'entends critiquer en quoi que ce soit la composition d'un Cabinet, dont le Chef affirme au Pays le bon vouloir et l'esprit de conciliation. Et l'on n'est pas en droit, jusqu'à ce jour, de contester cette affirmation.

Je n'ai pas besoin, vous le savez, de vous adresser ici l'assurance de mes affectueux sentiments.

H. VALARAY.

Le Raincy, ce 15 Octobre 1882.

LA FRANCE & SES INTÉRÊTS

BIBLIOTHÈQUE NATIONALE R. F. IMPRIMÉS

> Quand des nations poursuivent un
> même but, leur communauté d'intérêts
> les rapproche, la solidarité s'établit
> entre elles par la force des choses.
>
> La France et les Interventions.

Il y a quinze ans, sur la fin de 1867, nous débutions dans
la carrière du publiciste politique, en présentant pour travail une brochure intitulée : *La France et les Interven-*
tions. — Nous étions jeune alors, et sans relation politique
aucune : notre travail passa fort inaperçu.

Assurément il méritait mieux. Nous avions, dès cette
cette époque et malgré notre jeunesse, une aperception nette
des événements de 1870. Nous adjurions le gouvernement
impérial, qui avait soulevé, inventé si l'on veut, la théorie
des Nationalités, de ne pas reculer devant son œuvre, de ne
pas s'effrayer des résultats où elle aboutissait logiquement :
l'indépendance de l'Italie, l'unification de l'Allemagne.

Nous tentions de lui annoncer ce qui surviendrait, au cas
de son opposition par la force à l'agrandissement de l'Allemagne, et en particulier de la nation prussienne.

Voici d'ailleurs avec quelle précision nous nous expri-
mions à cet égard :

« Voilà que devant vous s'est dressée une question, et bien autre
que celle du Pouvoir temporel. Quittez le Sud, montez à l'Est, re-
gardez là, derrière ce fleuve, et vous y verrez un grand peuple
poussé toujours par ses gouvernants à la peur de la France, à la
haine de tout ce qui est français...

Savez-vous qu'ils sont là plus de quarante millions d'hommes. Et
savez-vous encore, à tous ces millions d'hommes, pour se réunir
sous un même sceptre, pour se grouper autour d'une seule volonté,
savez-vous ce qui manque ? Ah ! peu de chose : un simple signal,
celui d'une parole menaçante et perçue du côté de la France. » (*)

Un peu plus loin, nous examinions deux hypothèses : celle
de la victoire, et nous en faisions voir la stérilité ; celle de
la défaite, et nous en annoncions la terrible conséquence :

« Cette fois, nous ne sommes plus les vainqueurs. Notre sol ne nous
appartient plus. Il est jonché, il est vrai, de bien des corps des Alle-
mands, mais plus encore de ceux des nôtres. Ardent et impitoyable,
le Richelieu d'outre-Rhin réfléchit à son tour : il songe à retirer
parti de sa victoire.

Placé à la tête d'un parti encore nombreux et puissant, qui hait
par-dessus tout l'esprit démocratique des institutions françaises ;
lui-même, ennemi de la France, non par instinct naturel, mais par
nécessité politique, il se trouverait, voulût-il y résister, débordé par
cette aspiration du pangermanisme, qui prétend reculer notre pays
aux montagnes des Vosges. Dans cette situation, il n'hésiterait pas,
et se taillerait une Pologne dans nos provinces de l'Est.

Ecartons, s'il le faut, cette supposition douloureuse, mais *rappelons
pour conclure cette leçon du passé:* le premier Empire avait voulu
abattre la domination prussienne, il a cru un instant l'avoir anéantie ;
il l'a laissée, en définitive, double en force et en territoire de ce
qu'il l'avait trouvée d'abord. » (**)

(*) La France et les Interventions, page 10. — Dentu, 1867.

(**) La France et les Interventions, page 13.

Ceux qui connaissaient l'auteur du travail en question le blamèrent pour avoir écrit ces lignes, dont le caractère prophétique ne leur apparut que plus tard. Il fallait être insensé, lui disaient-ils, pour s'en aller supposer que des provinces, possédées depuis deux ou trois siècles, étaient en risque de disparaître de la carte de France. Il fallait être peu patriote, pour supposer aussi que l'armée française les laisserait conquérir. Et ce chauvinisme, cet amour-propre militaire étaient universels. De son opinion et de sa conviction, le jeune auteur de *la France et les Interventions* était peut-être le seul en France.

Personne, en effet, personne alors ne s'arrêtait à la possibilité de défaites entraînant l'amoindrissement du territoire. On ne voulait absolument compter que sur des chances.

En 1870, sur la fin de Juillet, le même écrivain, conversant à Strasbourg avec un chef de corps, auquel il exprimait toutes ses craintes sur l'issue de la campagne, en recevait cette réponse désespérante : « Si nous sommes vaincus, l'Europe interviendra. » Tué à la première bataille, le vaillant soldat n'a pu voir combien son erreur, erreur presque générale, était complète à l'égard d'une intervention quelconque.

Cette intuition que nous avons eue des événements, cette conception ou cette appréciation non-erronée des choses, nous donne aujourd'hui le droit, après quinze ans consacrés aux travaux d'Histoire ou de Science politique, de manifester de nouveau notre sentiment sur les affaires extérieures, et de dire à notre tour ce que nous pensons, de ce qu'on a pu nommer tout d'abord l'imbroglio égyptien.

Nous avons déjà lu dans nombre de journaux bien des sottises, que nous y rencontrons d'ailleurs fréquemment, toutes fois que la politique extérieure de la France est

en cause. D'une manière plus générale, il est certain que
tout le monde se tourmente, au sujet d'une affaire qui peut
se résoudre sans se heurter à des difficultés trop grandes.
Qu'on nous laisse l'affirmer en ces premières pages : il n'y
a pas péril en la demeure.

Nous signalons surtout une erreur, nous dirons même
un tort, qui consiste à mettre toujours l'Allemagne en avant :
à y chercher une main constamment en trame, afin d'ourdir
la perte de la France. Si, comme on se plaît à le répéter,
le grand homme d'État qui préside aux destinées de l'Allemagne, avait constamment à l'esprit l'idée de la destruction
française, il y a du temps qu'on aurait dû l'enlever de son
cabinet de chancelier, pour le soigner comme aliéné de
cette idée fixe, et de le guérir de sa monomanie.

En 1867, alors que bien peu s'en inquiétaient, nous avons
connu le regret de signaler le danger réel ; alors que nul
ne la pressentait, nous avons averti de la fin funeste. En
1882, nous aurons la satisfaction d'écarter la crainte mal
fondée, et le bonheur de pouvoir indiquer un dénouement
avantageux.

I

Pour les esprits que n'absorbe pas en entier la politique intérieure, et qui savent donner l'attention nécessaire à ces grandes et attachantes questions de l'extérieur, d'où dépendent la supériorité, l'influence, et parfois même la vie d'un pays, il était évident, depuis quelques années, surtout depuis la réunion d'un Congrès à Berlin, que la question d'Orient allait renaître avec toutes ses complications, et que l'Egypte notamment, servirait de théâtre aux événements les plus significatifs.

Ces événements se sont produits. Ils ont eu pour prologue assez mal trouvé, une histoire appelée l'Invasion des Kroumirs ; pour suite plus sérieuse, une occupation de la Tunisie par des régiments français ; pour répercussion, une expédition en Egypte par la flotte et l'armée anglaises.

L'opinion publique n'a pas ratifié cette affaire de la Tunisie. Il est certain qu'elle ne s'en est pas alarmée outre-mesure ; il est non moins vrai que la nouvelle d'une expédition à Tunis a été accueillie par elle avec défaveur et défiance.

Rien de bien étonnant à ce qu'il en soit ainsi. Notre pays, si cruellement éprouvé par des aventures de ce genre, ne peut plus s'endormir aussi tranquille, sur la foi des assurances données par ses gouvernants.

Nous expliquerons plus loin notre sentiment sur ces expéditions risquées. En attendant, nous induisons du fait en lui-même une conséquence indiscutable : la France est plus fortement engagée que jamais sur le littoral africàin.

Il résulte ainsi de cette situation, qu'elle a un intérêt politique, autant et plus que commercial, à voir aux événements de l'Egypte, à s'occuper de tout ce qui s'y passe. Cet intérêt pouvait la porter à prendre directement parti dans la question ; elle va l'inciter maintenant à se déclarer pour ou contre certaines éventualités.

Un homme, qui semble porter haut le sentiment de la fierté nationale, mais dont l'expérience acquise, en fait de politique extérieure, manque de base historique : M. Gambetta, projetait lors de son passage au Pouvoir, de porter une armée de 40,000 hommes en Egypte.

La conception était assurément brillante et hardie, à l'instar de celles qui sont de cet homme d'Etat. Mais elle a le malheur d'arriver quinze années trop tard. Ce qui eût été d'exécution facile avant 1870, est loin de l'être depuis cette époque.

L'ancien dictateur de la Défense nationale, aurait plus que tout autre dû se souvenir, en qualité de Président du Conseil et de Ministre des Affaires étrangères, et que sa chûte est trop récente encore, et que sa défaite a trop pesé sur elle, pour permettre à la France une telle aventure militaire. Cela surtout dans un pays, et à propos d'une question qui l'intéresse, ainsi que nous l'avons dit, mais non pas plus que telle ou telle autre puissance.

Intervenir dans un pays lointain, c'est assez facile à dire et même assez prompt à réaliser : on l'a pu voir en Tunisie, on vient de le constater encore en Egypte. Ce qui prend beaucoup plus de temps, c'est de se dégager de la situation qui suit une intervention ; ce qui est moins réalisable, c'est d'en sortir avec honneur et profit.

Débarquer 40,000 hommes sur la terre d'Egypte était un acte qui, sans nul doute, eût étonné l'Europe. Mais après en avoir admiré l'audace, elle eût été aussitôt frappée de son imprudence. Et la désapprobation, puis l'hostilité presque unanime des cabinets, aurait suivi ce sentiment. On a vu que l'opinion publique, en Allemagne, s'est émue vivement contre l'Angleterre ; qu'aurait-ce été s'il se fût agi de la France ?

La situation fut devenue telle en peu de temps, que l'Angleterre, intéressée pourtant à soutenir la France et même à la suivre, eût hésité avant de le faire. Il aurait même été possible que, réservant l'avenir et ses éventualités, elle se fût reposée sur l'armée française, dans le présent, du soin de venir à bout de l'entreprise égyptienne. Que si elle s'est vue dans l'obligation de s'en charger elle-même, il faut bien convenir que l'enthousiasme à cet égard lui a d'abord manqué complètement.

Même à cette heure, la situation où elle est engagée reste assez grave. Il y a motif de supposer que, derrière l'Egypte, il y a toujours la Turquie ; que derrière la Turquie, qui demandait à rétablir l'ordre pour son compte, il y a l'Allemagne et la Russie, l'Autriche et l'Italie, quatre puissances de l'Europe. L'Angleterre, au résumé, peut se trouver seule contre cinq. Bien qu'elle n'ait pas à redouter l'éventualité d'une invasion chez elle, cette disproportion doit lui paraître inquiétante.

La France a connu situation pareille en 1840, quand cette même question d'Egypte faillit mettre le feu aux poudres. Elle eut le bon sens de reculer devant une ligue de cinq puissances ; ce bon sens la préserva d'une invasion certaine.

L'Angleterre était alors l'agent le plus actif de cette coalition contre la France ; par un retour assez singulier des

choses, la France ne figure pas dans la coalition contre
l'Angleterre. Et son Gouvernement lui rendrait un mauvais
service en l'y faisant entrer, sous prétexte de la soustraire
à quelque isolement pénible.

D'autant que, si le cabinet français ne marche pas avec
l'Angleterre, il n'a pas le moins du monde à se déclarer
contre elle. Les intérêts du pays le portent même à désirer
qu'elle obtienne, après sa victoire, un succès diplomatique
réel. Ce qu'il aurait jugé d'utilité : l'intervention, mais ce
dont il n'a pu se charger, il a lieu de se réjouir de l'avoir
vu exécuté par le Cabinet britannique. Il est souvent d'un
grand avantage en effet, de voir les autres entreprendre et
mener à bien une tâche, que l'on avait de bonnes raisons
pour ne pas aborder soi-même.

Considérée en elle-même, l'idée de M. Gambetta était
donc politique au premier chef. Et il a eu parfaitement
raison de ne pas s'émouvoir, quand on lui a parlé de l'existence d'un parti national en Egypte, et de l'obligation de
respecter les efforts de ce parti. En cette affaire, avant de
s'inquiéter des intérêts de l'Egypte, il était en plein droit
de regarder à ceux de la France.

Nous affirmons l'erreur historique des gens qui parlaient
d'un parti national égyptien. Eût-il existé depuis peu de
temps, tout Cabinet français aurait commis une bien lourde
faute en encourageant, par un sentiment peu compris contre
l'influence anglaise, un mouvement dont le résultat le plus
net, au cas de sa réussite, aurait été de former le noyau d'un
nouvel empire des Berbères, et d'entretenir, sur toute l'é-
tendue de l'Afrique, un mouvement perpétuellement hostile
à l'acclimatation des éléments européens. M. le Ministre
des Affaires étrangères ne se trompait que sur le moyen à
mettre en œuvre, à l'effet de prévenir ce résultat.

C'est pourquoi, tout en n'admettant pas celui qu'il eût préféré, nous estimons que, maintenant, s'il veut se conformer aux intérêts du pays, le Cabinet de Paris doit joindre son action diplomatique à celle du Cabinet de Londres ; conseiller que l'armée anglaise occupe les villes de l'Egypte ; et après cela que le gouvernement anglais, s'il ne le conserve pas, exerce sur tout le pays d'Egypte un protectorat des plus étendus.

Il n'est pas ordinaire, en politique internationale, de souhaiter au peuple voisin réussite aussi pleine en ses entreprises ; c'est bien plutôt le contraire qui a lieu. On ne s'attriste pas sensiblement des revers qui lui surviennent, dans toute affaire qu'il s'attire, dans toute aventure où il s'engage. Ces revers pouvant l'affaiblir, on le plaint pour la forme : dans le fond, on est loin de s'en mettre en peine.

Mais ici le cas n'est point tel. Tous les coups que l'Angleterre aurait reçus, nous aurions eu à les supporter en retour, bien que dans d'autres conditions. Ce n'eût été que question de temps. Il y a, pour conclure ainsi, des motifs de premier ordre, auxquels on ne s'arrête pas assez dans notre pays.

Nous allons les énumérer en ce qui va suivre.

II

Où sont nos intérêts en Afrique ? — En Algérie, et nulle part ailleurs.

Ce vaste et beau territoire, dont la surface a 30,000 kilomètres carrés plus que celle de la France, suffit bien amplement pour occuper, dans la Méditerranée, toute l'activité commerciale et coloniale du peuple français.

Il a été conquis au prix de peines et de sacrifices qui ont enfanté bien des gloires. A lui se rattachent, depuis cinquante ans, tous les meilleurs souvenirs de nos armes. Il représente la vie militaire des généraux que la France a le plus aimés, et dont les noms sont demeurés les plus populaires.

Pourtant, malgré leur vaillance et celle de leurs troupes ; malgré les efforts des gouvernements divers en faveur de la colonisation, l'Algérie n'est encore ni complètement conquise, ni sûrement pacifiée, ni surtout heureusement colonisée.

Un danger reste suspendu constamment sur elle : celui d'un soulèvement universel de tous les fervents de Mahomet, de la guerre sainte entreprise au nom du prophète, et soutenue plus ou moins par son vicaire, par le chef suprême de l'Islam.

Ce danger n'a jamais pu être bien conjuré, par la raison que l'on a jamais attaché bien de l'importance à sa cause même : le zèle ardent et soutenu de la race arabe pour la religion musulmane.

Habitués dans notre pays à l'indifférence, aujourd'hui même à la négation en matière religieuse, nous ne comptons pas suffisamment, et comme il serait nécessaire, avec cet ensemble d'idées, inspirées par les préceptes d'une religion, dont nous ne jugeons pas à propos de nous inquiéter.

Que si l'on voulait entrer en lutte avec ces idées, dans le but d'enrayer au sentiment de haine invétérée qu'elles engendrent, il faudrait détruire le Coran, mais on ne pourrait y songer, qu'en se préparant à détruire entièrement la race arabe. Or, selon le Coran : « toute guerre est sainte contre les ennemis de Dieu et du prophète, autant qu'elle est impie entre les peuples croyants. » — « En cas d'attaque de la part des infidèles, il est du devoir d'un Musulman de quitter à l'instant toutes ses affaires ; il devient un soldat au service de Dieu. » — Il n'y a que les enfants, les fous et les possédés qui sont dispensés de combattre : tous les autres individus, libres ou esclaves, hommes ou femmes, sains ou malades, aveugles ou estropiés, tous sont obligés de concourir de leur mieux à la défense commune.

On conçoit que la religion, au moyen de laquelle on a inculqué, de siècle en siècle, une pareille doctrine aux générations, est une religion forcément redoutable aux dominateurs du peuple qui la professe. Et l'on est amené par là même à comprendre : que les agissements du chef incontesté de cette religion doivent être suivis de très près, si l'on ne veut s'exposer, ou bien à des explosions soudaines, ou bien à de cruelles déconvenues.

Après que le conquérant turc seldjoukide, Togrul-Beg, se fut rendu maître de la plus grande partie de l'Asie, il embrassa la religion de Mahomet. Appelé, pour ce motif, en libérateur dans la cité populeuse d'Almanzor, et reçu en frère dans le merveilleux palais d'Haroun, il y fut en grande pompe investi, par le successeur de ces princes, du droit de gouverner conjointement l'empire des Khalifes et de régir aussi l'Universalité des croyants. Les empereurs turcs sont ainsi devenus, en vertu de cet acte solennel, appuyé toujours du succès de leurs armes, les chefs réels du monde musulman. Le neveu et successeur du conquérant, après avoir sauvé l'Arabie en détruisant totalement les armées grecques, vit ajouter son nom à celui du khalife dans les prières publiques, et c'est ainsi qu'ils devinrent également les chefs spirituels de l'Islam.

Un siècle et demi plus tard, après la mise à sac de Bagdad par un chef de hordes Mongoles, et la fin lamentable du dernier khalife, le nom du descendant de Seldjouk et d'Alp-Arslan, se trouva seul prononcé par les imans dans le Temple sacré de la Mecque. A partir de ce jour, qui remonte au xiiie siècle, jusqu'à maintenant, les adeptes de l'Islam ont vu constamment en lui l'unique et le légitime *Commandeur des Croyants*. — C'est aujourd'hui le sultan qui règne à Constantinople.

Par conséquent, tous les actes de ce sultan doivent être considérés comme offrant un double caractère: politique, et religieux. Par conséquent aussi, la présence de son armée en Egypte équivaudrait à sa prise de possession effective d'une partie de l'ancien empire des khalifes. Nous sommes convaincu que, sous une apparente hostilité, il y avait connivence entre la Porte, Arabi et Mohamet, le fameux cheick des Beni-Sloussi.

Or, la domination, ou tout au moins la prépondérance de l'élément turc en Egypte, c'est un encouragement donné à toutes les populations africaines ; c'est un appel indirect à se soulever contre l'élément étranger, à recommencer la *Ghaza*, la guerre contre les infidèles ; c'est une menace perpétuelle aux colons d'Afrique ; c'est un danger constamment suspendu sur l'Algérie.

Il est donc nécessaire à l'intérêt de la civilisation européenne que le sultan de Constantinople, en vertu et à cause de son hégémonie spirituelle, ne prenne aucun pied en Egypte. Le Cabinet de Londres a bien compris cette nécessité, lorsqu'il a transmis à son amiral un ordre de s'opposer, au besoin par la force, à tout débarquement direct de troupes turques sur le sol d'Egypte.

Il est de même essentiel, pour la sécurité de notre grande colonie, que l'Egypte ne devienne pas le point de ralliement des aspirations musulmanes en Afrique. La domination turque installée en ce pays, forcerait le budget français à l'entretien coûteux d'une armée de 100,000 hommes sur le sol algérien. Or, notre gouvernement ne peut, ni ne doit se placer dans le cas d'avoir à subir cette éventualité. La France a des voisins, mieux qu'elle en état de disposer d'une grande armée, donnent-ils un pareil exemple, songent-ils à disséminer leurs forces militaires ?

Nous nous résumons, en affirmant que l'Angleterre a rendu, à la civilisation du monde, un service réel en barrant la route à l'intervention de la Porte.

Par la même occurence, elle sert directement en cela les intérêts de la France, parce qu'elle empêche le fanatisme des populations musulmanes — ce que nous avons le plus à redouter en Afrique — de venir à recrudescence. Et le fait ne tarderait pas à se produire, si le prince pour lequel on prie dans les mosquées de la Mecque, devenait le maître en Egypte.

La Turquie en Egypte. ce serait bientôt la Turquie dans le Fezzan, puis en Tripolitaine, puis en Tunisie, puis aux portes de l'Algérie. C'est aux Cabinets français de pressentir le danger, et de seconder tout mouvement qui pourra le faire éviter.

Voilà pourquoi nous avons dit plus haut que le mieux à faire à présent, c'est d'applaudir au succès des armes de l'Angleterre. Aussi bien, cette puissance est engagée là dans une aventure, d'où dépend en partie la conservation de son empire des Indes ; il est à présumer qu'elle prendra conseil de cette situation, et non des sentiments de telle ou telle puissance.

Une inutile jalousie, au sujet de la victoire qu'elle a remportée, aurait pour tout résultat de froisser le sentiment national anglais ; notre acquiescement à sa prise de possession de l'Egypte élèvera, pour notre profit et sans qu'il nous en coûte, une excellente barrière à l'envahissement du littoral africain par l'irréconciliable hostilité des populations mahométanes.

Par conséquent, au point de vue spécialement envisagé ci-dessus, — point de vue, nous le répétons, que notre indifférence religieuse nous porte à beaucoup trop négliger — la prise de possession du Caire et d'Alexandrie par l'Angleterre, l'occupation de l'Egypte par son armée, celle même de Tripoli et d'autres points du littoral méditerranéen par d'autres puissances situées de l'autre côté de ce littoral, serait une solution infiniment préférable pour la France, à la présence d'une armée turque en Egypte, au développement d'un prétendu mouvement national dans ce pays, et même au simple maintien du *statu quo*.

Le canal de Suez est la voie libre, ouverte aux navires de de toutes nations, mais il est avant tout la route des Indes. Rien de plus naturel, que cette route appartienne à ceux qui sont possesseurs de l'empire des Indes, ou tout au moins qu'ils aient le droit d'exercer sur elle une surveillance en proportion de leurs intérêts engagés.

Pour que ce droit de surveillance soit effectif, pour qu'un nouveau pronunciamento de colonels ne remette pas tout en jeu, la logique des choses veut que l'Angleterre, appelée par la conjoncture en Egypte, et forcée désormais de protéger ses intérêts vitaux de la façon la plus vigilante, occupe le sol égyptien, en partie ou en totalité, temporairement ou définitivement.

Et c'est au point de vue des intérêts français en Algérie, qu'il est désirable que l'Egypte soit comme une province en avant de l'empire des Indes, et que l'Angleterre en reste maîtresse, au même titre que de cet empire.

En considérant le même intérêt, le plus essentiel, celui qu'il ne faut pas perdre un instant de vue : la sécurité de l'Algérie, qui peut seule engendrer le développement de sa prospérité ; en considérant cet intérêt, il ne serait aucunement dangereux que l'Autriche ait aussi sa colonie sur le littoral africain, et qu'elle aille occuper la Tripolitaine.

Un prince de la Maison impériale : l'archiduc Salvator, après l'avoir visité, publiait tout récemment un travail sur ce pays ; il le déclarait, non sans un peu d'envie, avantageux à posséder pour la France. Nous le déclarerions, tout au contraire, avantageux à posséder pour l'Autriche. L'offre de cette partie du littoral devrait lui être adressée par la France. Ce serait reconnaître, et de la façon la plus digne, les sympathies que l'on a pour les Français à Vienne.

Sur le refus de l'Autriche, le territoire tripolitain pourrait appartenir à la Grèce. Mais cette puissance occuperait plus facilement pour elle, la Crète, insurgée depuis si longtemps contre le Turc, ainsi que les Archipels.

Toujours sous le rapport du même intérêt, il serait baucoup mieux que le Protectorat de la Tunisie, moyennant indemnité, fut repris par l'Italie. Cette puissance a tout

autant de droits que la France à s'établir en Afrique ; à s'y
fonder une colonie pareille à l'Algérie.

A bien examiner, que vaut réellement la Tunisie pour les
intérêts français ? Qui donc y songeait en France, avant
qu'on eût parlé d'établir un protectorat sur ce territoire ?
Le Trésor français n'a donc pas en Algérie suffisamment
de dépenses ; faut-il en ouvrir une source nouvelle en Tunisie ?

Plus indulgent à leur égard que ne l'a été l'opinion publique, nous ne condamnons pas ceux qui ont préparé —
bien qu'ils aient eu le tort d'agir dans l'ombre — une expédition dans ce pays, Devant les querelles suscitées par un
consul italien, et la mauvaise foi du gouvernement du bey,
la situation des nationaux n'était plus tenable, et l'action
devenait nécessaire. Tout Ministère, en France, a le devoir
de veiller sur la considération due à nos compatriotes rési-
dant à l'étranger.

Mais nous condamnerions absolument ceux-là, qui vou-
draient transformer une manifestation nécessaire en occupation permanente.

Les adversaires de la République ont comparé l'expédition
de Tunis à celle du Mexique. Au fond, c'est un peu la même
histoire. Toutefois, le tort du Gouvernement impérial n'a
réellement pas été d'aller au Mexique, mais de persister à
n'en pas revenir. Il a voulu imposer aussi le protectorat ;
on sait à quelle évacuation forcée il a dû en venir, et le
triste drame qui s'en est suivi.

De même, le tort du Gouvernement républicain serait de
persister à ne pas sortir de la Tunisie. Souvenons-nous donc :
cédons à temps ce territoire à l'Italie ; nous pouvons aujourd'hui le faire avec honneur. Il nous suffit d'exiger en
compensation le remboursement de nos dépenses.

En regardant à l'extrémité du Magreb, nous voyons aussi

qu'il y a, tout aux frontières de l'Algérie, un pays où l'Espagne a plusieurs fois opéré sa descente et porté ses armes. Qu'il lui soit loisible d'y retourner, et d'essayer également de s'y créer une possession analogue à l'Algérie. Le sentiment national, de l'autre côté des Pyrénées, s'est plusieurs fois manifesté en faveur de cette tentative ; nous n'apercevons aucun motif qui conseillerait de s'y opposer en quelque manière.

Donc, que l'Egypte appartienne totalement ou partiellement à l'Angleterre ; que l'Autriche ou la Grèce occupe la Tripolitaine ; que l'Italie protège ou détienne la Tunisie ; que l'Espagne conquière le Maroc, qu'importe à la France elle-même ? Cette situation pourrait-elle, en quoi que ce soit, compromettre la sécurité de l'Algérie, ou devenir un danger pour l'influence française ? constituerait-elle seulement une atteinte à l'agriculture, au commerce, à l'industrie de la colonie africaine ? La France vit en bons rapports en Europe avec l'Angleterre, et l'Autriche, et la Grèce, et l'Espagne, et l'Italie, elle a des traités commerciaux avec ces pays, pourquoi voudrait-on qu'il n'en soit pas de même en Afrique ?

Bien au contraire. La France africaine, entourée par une Espagne, une Italie, une Grèce, une Angleterre, également africaines, trouvera dans leur voisinage une sécurité, que ne lui procure pas celui de populations entièrement ou complètement arabes. Chaque pays, faisant exactement la police à ses frontières, assurera par là même celle de ses voisins. Croit-on que, s'il en eût été ainsi, l'opinion publique aurait pu être inquiétée un moment par cette ridicule équipée des Kroumirs.

La France africaine, au contact de pays rénovés chacun par la colonisation européenne, prendra l'essor, par un continuel échange avec eux, d'une activité commerciale que tous les efforts de sa métropole n'arrivent pas à lui donner Une magnifique voie ferrée, partant du Caire et aboutissant à Tanger, ceindra, comme un diadème offert par la civilisation européenne, le front du continent africain, offrant sur tout son parcours, au transit comme aux voyageurs, la sécurité la plus absolue.

La France africaine, au lieu d'être entourée d'ennemis par la race et la religion, par les mœurs et par le langage, verra près d'elle un certain nombre d'alliées de race latine, intéressées au même titre qu'elle, à contenir, à refréner la haine musulmane, ainsi qu'à la réduire à l'impuissance.

Au cas de conflit en Europe avec une puissance de race non-latine, et de guerre défensive en France, il restera en Afrique des nations de même origine que la nôtre, qui s'occuperont de surveiller encore avec plus de soin la race arabe, précisément pour qu'elle ne s'insurge pas dans cette Algérie que l'on aura dû, malgré toutes les prévisions d'armée coloniale et bon gré mal gré, comme en 1870, dégarnir de toutes ses troupes.

III

Nous savons bien qu'il existe, ou plutôt, nous avons entendu affirmer qu'il a été agité, dans les sphères les plus élevées de la diplomatie, des projets d'ordre tout différent et d'où serait sorti, paraît-il, un plan tout particulier.

En vertu dudit plan, la mer Méditerranée se serait transformée en lac exclusivement français, parce que l'entière étendue du littoral de l'Afrique, au lieu d'être possédée par les races latines, appartiendrait uniquement à l'une d'elles, qui serait la France.

Certes, la perspective est séduisante. Elle a été entrevue, il y a quelque quinze à seize ans, par un esprit de la plus haute valeur : feu M. Prévost-Paradol. Çà été aussi la pensée, non de la Convention, comme il a été écrit par erreur, mais de Napoléon 1er.

Malheureusement, la conception qui consiste à fonder sur tout le Nord de l'Afrique un empire français, présente un défaut capital : elle est irréalisable. Et elle est irréalisable, parce qu'elle est reprise cinquante ans trop tard, et surtout, parce que de grands transformations se sont accomplies en Europe dans le cours de ces cinquante ans.

Le gouvernement de la Restauration l'a connue pour son compte. Le roi Charles X ne s'est pas contenté de la connaître : il s'est occupé de la réaliser. Après avoir préparé l'une des expéditions les mieux organisées qu'il y ait eu jamais, il a débuté par un des plus beaux fait d'armes des temps modernes : la prise d'Alger. Ce fait d'armes eût été suivi d'autres de même genre, et l'on aurait vu successivement Bône, Tunis, Bizerte, Tripoli, Alexandrie, le Caire, tomber au pouvoir des généraux français.

Mais il faut de suite ajouter, que le gouvernement royal ne s'était pas engagé légèrement dans cette aventure. Il savait tout d'abord, et où il allait, et ce qu'il voulait.

Où il allait, c'était à la fondation d'un empire africain, où l'on aurait partout vu flotter le drapeau de la France. Ce qu'il voulait, c'était le démembrement de l'empire Ottoman ; c'était l'expulsion de l'élément turc hors de l'Europe, en attendant plus tard son refoulement hors de l'Asie-Mineure.

Il s'était mis d'accord, pour l'exécution de ce projet grandiose, avec le gouvernement du czar, auquel il abandonnait, dans ce partage à deux de l'empire ottoman, la Turquie d'Europe. Les Cabinets du 4 Janvier 1828 et du 8 Août 1829 ne s'effrayaient pas stupidement, comme on a tant fait depuis lors, à la pensée de voir une armée russe entrer victorieuse et rester dans Constantinople. Ils avaient su d'ailleurs se réserver une large compensation.

Aujourd'hui, la fondation d'un empire français en Afrique ne constitue plus rien qu'un rêve. Ce qui était permis à la France monarchique de 1830, est absolument interdit à la France républicaine de nos jours. Le gouvernement royal était servi par ces trois éléments de succès : une diplomatie hors ligne ; un allié puissant ; une armée excellente. Notre République peut-elle se vanter, de bien posséder un seul de ces trois éléments ?

De plus, deux grands faits se sont accomplis depuis cinquante ans, avec lesquels la diplomatie royale aurait tout aussi bien à compter : — il est vrai qu'elle ne les eût pas laissés se produire — l'unification de l'Italie, le rétablissement de l'empire d'Allemagne.

Nous devons dire, que dans la combinaison relatée plus haut, l'Italie ne compte plus, étant bel et bien sacrifiée. Aussi ne devons-nous pas nous tromper, en supposant que ladite combinaison a dû être étudiée et approuvée par quelque puissant homme d'Etat, inspirée et développée par l'habile diplomatie du Vatican.

Nous ne sommes pas assez inexpert, en fait de politique extérieure, pour ne pas nous être aperçu, et depuis longtemps, que l'Italie unifiée constitue pour la France une menace réelle. Tout en nous rendant compte exactement de cette situation fâcheuse, nous estimons pourtant qu'il n'appartient plus à la France de chercher à détruire une œuvre, à l'établissement de laquelle elle a prêté naguère le concours de ses armes.

Nous croyons, pour des raisons historiques, à la durée de l'Empire allemand ; nous ne croyons pas, pour des raisons de même ordre, à la durée du Royaume italien.

En écrivant ces mots : Royaume italien, il n'entre pas en notre pensée qu'une République italienne aurait chance de durée plus longue : nous estimons plutôt le contraire.

Mais que le pays, qui va des montagnes des Alpes aux golfes des Siciles, soit gouverné par la République ou par la Monarchie, cela n'importe guère aux intérêts français. Il ne faut se préoccuper que de l'Italie même. Il est bien évident que la France n'a pas à prendre parti contre elle ; bien moins encore, à pousser à sa fin probable.

Si, comme nous le pensons, la force des choses doit amener cette fin, les intérêts français n'exigent pas de l'activer ; si nous nous trompons au contraire en cette appréciation, ces intérêts se trouveraient un jour bien mal engagés, si l'on voulait déterminer une solution qui ne serait pas dans l'ordre des choses.

Ce qui revient à dire que tout plan, en vertu duquel on ne compterait pas avec la nation italienne, offre un vice primordial, et doit être mis à l'écart. La diplomatie française a pour mission de compter avec l'Italie, aussi long-temps qu'on lui maintiendra ou qu'elle maintiendra sa place au nombre des puissances.

Envisagée comme telle, et aussi comme nation essentiel-lement latine, on ne peut nier qu'elle ait, sur la possession du littoral africain, un droit semblable à celui de la France.

Et ce que l'on doit dire à cet égard de l'Italie, on peut le dire au même titre, et de l'Espagne, et de l'Autriche, et de la Grèce. S'il y a du territoire à posséder sur les bords opposés de la Méditerranée, autrement dit, si l'Afrique est à prendre, il suffit du simple bon sens, pour indiquer que cette prise de possession ne peut être effectuée prompte-ment et sûrement, que par un commun accord de tous les pays ayant pied sur ce côté-ci de la Méditerranée, en propor-tion de leur force navale et de leur activité commerciale.

Vouloir attribuer, au temps où nous sommes, toute l'étendue de ce littoral à la France, exclusivement, ce serait, bien loin de servir ses intérêts, ce serait les compro-mettre à ce point, qu'il faudrait s'attendre à les voir périr dans quelque catastrophe. En politique extérieure, les évènements accomplis imposent leur existence, et ce n'est pas, — dans cet ensemble qui constitue la chaîne des tra-ditions nationales, — ce n'est pas avec autant de facilité que les simples l'imaginent, que l'on parvient à ressouder ou remplacer les anneaux brisés ou perdus.

Dans les conditions où les évènements contemporains ont

placé la France, il serait funeste à ses intérêts de persister
dans l'exécution d'un plan, qui eût été réalisable en des temps
plus heureux : s'étendre sur tout le littoral de l'Afrique, et
transformer la Méditerranée en lac français. Si quelque un
de nos ministres des Affaires étrangères a voulu reprendre
ce projet, il s'est bercé là d'une illusion bien dangereuse.

Menacés, ou tout au moins surveillés à nos portes par
deux puissances; placés vis-à-vis de la haine musulmane
sur ce grand pays d'Afrique, où des naïfs se sont imaginé
pouvoir substituer le Code civil au Coran, ce serait une folie
bien grande, une erreur inexcusable, que de chercher à reculer constamment les frontières de notre empire colonial.

Gardons-nous donc ici des suggestions de l'orgueil ; écou-
tons la voix de la prudence : limitons-nous à consolider
une conquête obtenue au prix de cinquante ans d'efforts ;
cherchons à mieux coloniser le sol algérien ; tâchons d'y
acclimater nos vignes, d'y mettre à jour et d'en tirer — car
notre terre de France est fatiguée — les ressources énormes
qu'il peut donner, et dont nous n'avons pas eu jusqu'à présent le savoir de bien profiter.

Il ne reste plus maintenant qu'à résumer cette succincte, mais complète étude.

La France a de grands intérêts en Afrique, mais ces intérêts sont limités à l'Algérie. Possédant ce pays pour base d'établissement, le seul objectif à poursuivre, est de lui assurer sécurité et prospérité.

Le littoral du continent africain est assez étendu pour que toutes les puissances méditerranéennes, agissant de commun accord, y marquent chacune leur place.

La France n'a pas à témoigner à cet égard de jalousie vaine ou d'envie blessante. Sa part est la plus belle : elle est aussi de date assez ancienne, pour lui conserver pendant longtemps l'hégémonie sur la terre africaine. L'état prospère de l'Algérie ne pourra que s'accroître, par le courant et par le voisinage d'émigrations venues des pays de l'Europe méridionale.

On a jeté sur le tapis , il y a longtemps déjà, une idée qui peut, en effet, devenir féconde en biens : l'Union des peuples de race latine. Mais il ne suffit pas de proposer une idée, il faut trouver un motif pour la faire accepter.

On ne traite avec succès la politique étrangère, ni avec des origines, ni avec des sympathies, ni même avec des principes, parce que tout cela prête à la discussion, mais simplement avec des intérêts positifs, tangibles, et les mêmes pour plusieurs peuples.

Nous l'écrivions en 1867, et notre opinion d'alors n'a pas changé ; nous avons pu la reprendre en épigraphe à ce présent travail : « Quand des nations poursuivent un même but, leur communauté d'intérêts les rapproche ; la solidarité s'établit entre elles par la force des choses. »

On n'a pas réussi, jusqu'à ce jour, à découvrir cette communauté d'intérêts, ce lien d'union des races latines. Il se rencontre inopinément, et celle-là et celui-ci, dans la possession en commun de l'Afrique, par conséquent, dans la défense imposée à toutes de cette possession, dans le développement profitable à toutes des intérêts de chaque nation coloniale.

Les événements de l'heure présente apportent tout cela : l'occasion est donc favorable.

Puisse le Gouvernement de la République être assez inspiré pour en profiter, et sa Diplomatie, en y contribuant, recouvrer un peu du prestige de la Diplomatie royale.

PRÉCÉDENTS OUVRAGES DE L'AUTEUR :

ÉTUDES SUR LES MOUVEMENTS POPULAIRES. . . 1874

L'ARMÉE RUSSE ; L'ARMÉE TURQUE, (Études) . . 1876

DE LA NÉCESSITÉ D'UN PARTI NATIONAL . . . 1879

PARIS. — IMP. LÉON SAULT, 9, POURTOUR DE L'ÉGLISE, GRENELLE.

www.ingramcontent.com/pod-product-compliance
Lightning Source LLC
Chambersburg PA
CBHW051242070726
47594CB00013B/2347